Erwin Schickinger

Auf dem Jakobsweg

Persönliche Botschaften für jeden Tag

LEBENSRAUM
— VERLAG —

ISBN: 978-3-903034-91-4

© 2018 Lebensraum Verlag
1. Auflage März 2018

Alle Rechte vorbehalten
Reproduktion aller Teile nur mit Genehmigung des
Verlages

Gestaltung & Grafik: Stephy Brennsteiner, Lebensraum
Verlag

Text/Lektor: Wulfing von Rohr

Bildnachweis: IStock Photo

Vorbehaltserklärung:
Der Zweck dieses Kartensets besteht in der Inspiration
von suchenden Menschen, die ihr Leben sinnvoll und
lebenswert gestalten möchten. Im Falle eines Verlustes
oder Schaden, welche direkt oder indirekt mit den in
diesem Kartenset enthaltenen Informationen und Hin-
weisen in Zusammenhang gebracht werden können,
sind weder die Autoren noch der Verleger oder Verlag
verantwortlich oder schadenersatzpflichtig. Ebenso
wird eine Haftung für Personen, Sach- oder Vermö-
gensschäden ausgeschlossen.

www.lebensraum.center

Inhalt

Der Jakobsweg...06

12 Stadien einer Pilgerschaft............................ 08

01. Abenteuer..10

02. Aufbruch wagen..11

03. Berührung.. 12

04. Dankbarkeit... 13

05. Der heilige Pfad..14

06. Der Ruf... 15

07. Entfalten...16

08. Entscheidung..17

09. Erfolg... 18

10. Erfüllung... 19

11. Erlebnis.. 20

12. Erstaunen..21

13. Familie..22

14. Friede...23

15. Freude.. 24

16. Fülle... 25

17. Ganz du selbst... 26

18. Geben... 27

19. Gesundheit.. 28

20. Glück.. 29

21. Heilung..30

22. Hoffnung..31

23. Humor...32

24. Jetzt...33

25. Leistung..34

26. Loslassen...35

27. Mach dich bereit.......................................36

28. Motivation..37

29. Mut fassen..38

30. Neuer Mensch..39

31. Offenheit...40

32. Orientierung...41

33. Partnerschaft..42

34. Persönlichkeit...43

35. Realität..44

36. Reichtum...45

37. Schönheit..46

38. Selbstliebe...47

39. Solidarität...48

40. Spontan sein...49

41. Sympathisch..50

42. Treue...51

43. Überfluss...52

44. Überzeugen...53

45. Umsichtig..54

46. Verantwortung..55

47. Vergangenheit...56

48. Vergebung...57

49. Wachsen..58

50. Wohlbefinden...59

51. Wohlstand...60

52. Wunder...61

53. Zufriedenheit...62

54. Zukunft.. 63

55. Zuverlässig.. 64

56. Zweifel...65

Kartenlegung.. 66

Über den Autor.. 68

Bildnachweis...70

Der Jakobsweg

Jakobsweg (Camino de Santiago) ist der Sammelname für eine Vielzahl von Pilgerwegen quer durch ganz Europa. Sie alle führen am Ende zum (angeblichen?) Grab des Apostels Jakobus in Santiago de Compostela in Galicien.

Die spanische Hauptroute, die man meistens mit dem Begriff "Jakobsweg" meint, verläuft entlang einer Hauptverkehrsachse in Nordspanien. Schon seit dem Mittelalter führt sie von den Pyrenäen zum Jakobsgrab in Santiago de Compostela, und verbindet die dazwischen liegenden alten Königsstädte Pamplona, Estella, Burgos und Leon miteinander.

Santiago de Compostela, die Hauptstadt der nordwestspanischen Region Galicien, ist bei uns eben vor allem als Endpunkt des Jakobswegs und als vermeintlicher Begräbnisort des biblischen Apostels Jakobus bekannt geworden. Dessen sterbliche Überreste sollen in der Catedral de Santiago de Compostela aufbewahrt sein, die 1211 eingeweiht wurde. Diese Kathedrale liegt innerhalb der mittelalterlichen Mauern der Altstadt. Sie besitzt mit kunstvollen Schnitzereien verzierte Steinfassaden, die an herrschaftliche Plätze grenzen.

Ein Pilgerführer des 12. Jahrhunderts, der im Jakobsbuch (lateinisch Liber Sancti Jacobi) enthalten ist, der Hauptquelle zur Jakobusverehrung im Hochmittelalter, nannte zum Beispiel für den französischen Raum vier weitere Wege, die sich im Umfeld der Pyrenäen zu einem Strang vereinigen. Nach der Wiederbelebung der Pilgerfahrt nach Santiago de Compostela in den 1970er und 1980er Jahren wurde der spanische Hauptweg 1993 in das UNESCO-Welterbe aufgenommen. 1998 erhielten auch die vier im Liber Sancti Jacobi beschriebenen französischen Wege diesen Titel. Zuvor schon hatte der Europarat im Jahre 1987 die Wege der Jakobspilger in ganz Europa zur europäischen Kulturroute erhoben und ihre Identifizierung empfohlen.

Das einheitlich verwendete "Logo" dafür ist eine stilisierte gelbe Jakobsmuschel auf blauem Grund.
Spätestens seit dem Bestseller von Hape Kerkeling, "Ich bin dann mal weg", und der folgenden Berichterstattung in vielen Massenmedien, ist der Jakobsweg allgemein bekannt geworden.

12 Stadien einer Pilgerschaft

Pilgern ist ein äußerer und ein innerer Prozess. Wir wandern, fahren mit dem Rad ... Womöglich fahren wir auch mit Auto oder Bahn oder fliegen erst einmal in das Land unseres Pilgerziels. Aber dann am Ort werden wir sicher zu Fuß gehen. Mag es ein Kraftort in der Natur sein wie der Untersberg zwischen Bayern und dem Land Salzburg, der Uluru, das Heiligtum der Aborigines in Australien, der Vulkan Kilauea auf Hawaii, der heilige Fluss Ganges in Hardwar mit dem „Fußabdruck" Vishnus bzw. seiner Inkarnation Hari oder ein Platz ganz anderswo.

Vielleicht ist es jedoch eine christliche Kathedrale, ein Dom, eine Wallfahrtskapelle, zu der wir pilgern möchten. Pilgern ist in Europa seit etwa eintausend Jahren Ausdruck der Sehnsucht nach der eigenen spirituellen Erhebung durch Anwesenheit an einem heiligen Ort. Manche Menschen pilgern als Bußübung, andere erfüllen mit einer Pilgerreise ein Gelübde - zum Beispiel das Versprechen, nach einer wundersamen Gesundung oder Errettung aus höchster Not an den besonderen Ort eines Heiligen zu pilgern, um dort Dank abzustatten.

Für eine Pilgerschaft können wir zwölf Schritte oder Stadien bzw. Phasen unterscheiden. Sie tauchen bei der Wanderschaft auf allen Pilgerwegen weltweit auf

- sei es nun eine christliche, buddhistische oder spirituell anders motivierte Pilgerschaft. Die Engländerin Jennifer Westwood hat sie in ihrem Buch „Sacred Journeys" (Gaia Books) 1997 erstmals so zusammengefasst und vorgestellt. Hier eine knappe Zusammenfassung und Übersicht dieser quasi archetypischen Abschnitte des Pilgerns in eigenen Worten.

1. Der Ruf der Sehnsucht
(Karte 6: Der Ruf)

2. Sich bereit machen.
(Karte 27: Mach dich bereit)

3. Den Aufbruch wagen
(Karte 2: Aufbruch wagen)

4. Auf dem heiligen Weg
(Karte 5: Der heilige Pfad)

5. Abenteuer und Hindernisse
(Karte 1: Abenteuer)

6. Umkehren oder weiter pilgern?
(Karte 8: Entscheidung)

7. Zweifel und Hoffnung (Karte 56: Zweifel)

8. Annäherung und Antizipation
(Karte 22: Hoffnung)

9. Ankunft im Unbekannten
(Karte 12: Erstaunen)

10. Höhepunkt des Erlebens
(Karte 10: Erfüllung)

11. Besinnung und Neuausrichtung
(Karte 30: Neuer Mensch)

12. Heimkommen
(Karte 17: Ganz du selbst)

1. Abenteuer

Unerwartetes. Neue Begegnungen - manche schön und leicht, andere schwierig. Hindernisse, Verzögerungen ... der Weg ist vielleicht schwerer als gedacht ... Du stellst dich Herausforderungen. Du überwindest Schwierigkeiten. Du nutzt neue Chancen!

2. Aufbruch wagen

Jede Reise beginnt mit dem ersten Schritt. Geh los, fahre los. Tritt aus Deinem Haus, aus Deiner Komfortzone heraus. Wage es. Voller Zuversicht, voller Freude. Du bist auf einem Weg ... zu Dir selbst! Nun musst du nur den ersten Schritt machen.

3. Berührung

Du wirst berührt. Vom Zauber einer neuen Landschaft. Vom Duft des neuen Tags. Von einem lieben Menschen. Du spürst, wie deine Lebensreise schöner ist, wenn sie gemeinsam mit einer verwandten Seele unternommen wird. Du lebst neu auf!

4. Dankbarkeit

Hilfe annehmen, für Hilfe dankbar sein. Es gibt so viele Gründe für Dankbarkeit: Du atmest, dein Herz schlägt, du kannst dich bewegen ... Es gibt Menschen, mit denen du Zeit verbringst. Und du bist dankbar sein, wenn du jemand anderem helfen kannst.

5. Der heilige Pfad

Dein Körper vibriert. Dein Herz lacht. Du bist auf dem Weg. Du spürst, wie Dein Wesen neu atmet und sich ausdehnt ... Du weißt, dass Du auf dem richtigen Pfad bist. Deine Seele wird hell und leicht!

6. Der Ruf

Du spürst eine fließende Sehnsucht. Du fühlst, dass es „mehr" gibt, dass du weiter voran schreitest. Das ist ein sehr gutes Zeichen! Öffne Herz und Sinn, Geist und Gemüt. Du empfängst von Innen oder „oben" neue Impulse für Deinen Pilger- und Lebensweg.

7. Entfalten

Welche Wünsche hältst du in deinem Herzen verborgen? Welche Pläne für die nähere oder weitere Zukunft hast du? Was möchtest du schon lang einmal unternehmen? Gib dir die Erlaubnis, jetzt damit zu beginnen. Auf deine eigene Weise, in deinem eigenen Tempo.

8. Entscheidung

War der Ruf eine Einbildung? Ist das Pilgerziel eine Fata Morgana? Macht die Pilgerreise wirklich Sinn? Solche Gedanken gehören dazu. Halte durch, gehe weiter! Die Tatsache, dass du pilgerst, zeigt, dass du auf deinem Weg bist.

9. Erfolg

Du kannst es. Du schaffst es. Diesen Tag. Dein ganzes Leben. Deine Pilgerreisen durch die Zeit. Spirit oder der Himmel - wie du es nennen magst - sind jetzt auf deiner Seite. Mit neuem Mut und frischer Kraft geht es voran. Erfolg aus ganzem Herzen.

10. Erfüllung

Genieße die Schwingung am Ziel deiner Träume und Wünsche, mit ganzem Herzen. Spüre, dass du selbst Spirit bist und dieser Kraftort jetzt auch in dir lebt. Genieße das Sein im Hier und Jetzt mit allen Sinnen! Entscheide dich, dich erfüllen zu lassen!

11. Erlebnis

Das Leben ist kein Rätsel, das wir lösen könnten, sondern ein Geheimnis, das wir Tag für Tag neu erfahren und durchleben sollen. Nimm, was du in diesen Tagen erlebst, als etwas an, das ganz für dich gedacht ist und woran du weiter wächst.

Erlebnis

12. Erstaunen

Ankunft im Unbekannten - was vorher so klar schien, sieht jetzt am Ziel der Pilgerreise ganz anders aus. Öffne Deinen Geist für alles Neue dort. Verwunderung führt zur Erneuerung! Staunen können ist ein Geschenk des Himmels.

13. Familie

Vertrauen, Geborgenheit, Liebe - ein Dreiklang, der eine glückliche Familie ausmacht. Gerade in unserer hektischen Zeit ist es immer wieder notwendig, Familienbande neu zu stärken - zum Beispiel durch gemeinsames Wandern.

14. Friede

Öffne dich für Frieden, wo du ihn spürst. In der lichtvollen Natur, bei harmonischer Musik, in einer Mußestunde, in der du einmal einfach gar nichts „tust" ... Friede beginnt in Herz und Geist, in Körper und Seele. Schenk dir Zeit dafür!

15. Freude

Lächle - auch wenn dir jetzt gerade vielleicht nicht danach zu Mute ist. Probiere es aus. Wir merken, dass die Welt schöner aussieht, wenn wir in unserem Herzen und auf unserem Gesicht Freude und Fröhlichkeit einen Platz geben.

16. Fülle

Fülle ist immer möglich - dazu bedarf es „nur" eines großen Herzens und eines offenen Blicks für die Fülle ringsherum. Die Natur zeigt uns jeden Frühling wieder, wie aus Dürre und Kälte neues Leben sprießt. Strahle du selbst Fülle aus!

17. Ganz du selbst

Heimkommen! Du nimmst das Leben so an, wie es dir jetzt begegnet: In gewohnten Bahnen aber voller neuer Inspiration - oder auch ganz anders und mit neuem Schwung. Du spürst, dass du bewusster lebst! Die Dinge ergeben sich jetzt wie von selbst.

Ganz du selbst

18. Geben

„Geben ist seliger denn nehmen," wenn wir aus freien Stücken geben und etwas Glück, Freude oder Habe teilen. Geben wir aus offenem Herzen und in fröhlicher Gelassenheit, ohne Dank oder Lob zu erwarten. Dann wird Geben ein wahrer Segen.

19. Gesundheit

Körper, Geist und Seele sind eine Ganzheit. Gefühle, Gedanken, Hoffnungen, Wünsche, aber auch tatkräftiges Handeln und konsequenter Einsatz bestimmen unsere Gesundheit. Entscheide dich ganz bewusst dafür, so gesund als nur irgend möglich zu sein!

20. Glück

Probiere die Haltung auf der Karte aus und schaue ins Licht! Sag JA zum Leben. Sag JA zu dir selbst! Sag JA zu deinem eigenen Weg! So lädst du das Glück nicht nur in seltene besondere Augenblicke, sondern immer wieder in deinen gesamten Alltag ein.

21. Heilung

Heil sein ist mehr als nur ein gesunder Körper, der gut „funktioniert". Heilung bedeutet, ganz zu sein, eine heile Seele und einen lichtvollen Geist zu haben. Nimm dich selbst und dein Leben an und sei ganz DU. Der Himmel sendet dir jetzt Heil.

22. Hoffnung

Fast schon da, fast angekommen. Du bist kurz vor dem Ziel. Vorfreude breitet sich aus, Deine Schritte werden leichter. Ja, es war gut, Schatten und Zweifel hinter Dir zu lassen. Du hast es sehr bald geschafft! Hoffnung wird nun zur Vorfreude.

23. Humor

Weißt du, warum Engel fliegen können? Weil sie sich selbst leicht nehmen! Schau auf dich … und sieh, wie die vielen kleinen Missgeschicke bisher doch auch immer neue Lebendigkeit mit sich gebracht haben. Nimm dich und das Leben leichter und lache.

24. Jetzt

Wenn nicht JETZT - wann dann? Wenn du ein Ziel hast, wenn du etwas in deinem Leben verändern möchtest, wenn du eine Beziehung erneuern willst, wenn du dir irgendetwas „Verrücktes" erlauben magst - dann ist JETZT der richtige Zeitpunkt dafür!

25. Leistung

Du darfst stolz sein auf ALLES, was du schon bisher in deinem Leben erreicht hast. Das ist kein Ego, sondern Selbstermächtigung. Vergleiche dich dabei NICHT mit anderen Menschen, sondern denke nur daran, wie du selbst einmal angefangen hast!

26. Loslassen

Loslassen befreit, gibt Raum für Neues, schafft Lebens-
freude. Denken wir an unsere Atmung: immer nur ein-
zuatmen ist unnatürlich, wir müssen den Atem auch
wieder freigeben. Loslassen bedeutet, einem natürli-
chen Rhythmus des Lebens zu folgen.

27. Mach dich bereit

Triff Vorbereitungen im Hier und Jetzt. Ganz irdisch. Was brauchst Du für Deinen Pilgerweg? Gehst Du allein oder nicht? Wie viel Zeit, auf welchem Weg? Was nimmst Du mit? Was möchtest Du erreichen - und was hinter Dir lassen?

28. Motivation

Auf dem Weg finden wir immer wieder Zeichen, die uns ermuntern, mit neuer Kraft auf unserer Pilgerreise vorwärts zu schreiten. Hier ist es die Jakobsmuschel, die deutlich auf ein Ziel hinweist. Achten wir auch auf andere Hilfen und Zeichen.

29. Mut fassen

Du bist schon so weit gekommen. Bravo! Nun raste ruhig einmal einige Zeit aus. Und dann schaue in die Richtung, wo dein Ziel ist und sammle neuen Mut und neue Kraft für die nächste Etappe deiner wunderbaren Pilgerfahrt.

30. Neuer Mensch

Du hast dein Ziel erreicht. Nimm die Kraft dieses Ziels in deinem ganzen Wesen auf. Verankere sie, speichere sie. Du erspürst, dass Dein Pilgerweg jetzt Teil deines Lebenswegs ist. Du fühlst, wie diese Erfahrung dein Leben ganz macht.

31. Offenheit

Du siehst Licht, aber noch kein klares Bild. Es sieht schön und verlockend aus, wohin du gehen willst. Lass dich aber nicht verunsichern, weil du noch nicht alles genau vor dir siehst. Sei offen für das, was dich erwartet. Offen für Überraschungen.

32. Orientierung

Wohin zeigt dein innerer Kompass? Wohin richtet sich dein Geist? Oder suchst du gerade nach Orientierung? Bitte deine Geistführung um Hinweise und Inspiration. Und traue dich, deiner Intuition und Impulsen von außen zu folgen.

33. Partnerschaft

Im warmen Lachen des anderen das eigene Glück entdecken. Im Leuchten der Augen des anderen die eigene Seele spiegeln. Partnerschaft heißt nicht, in allem einer Ansicht zu sein. Sondern es geht darum, gemeinsam etwas Größeres zu bauen und zu leben.

34. Persönlichkeit

Jeder Mensch ist etwas ganz besonderes. Du auch! Sei
du selbst, nicht wie stromlinienförmig oder modisch
angepasst, sondern lebe und zeige deine Eigenarten
und deine wunderbaren Besonderheiten. Du bist dir
selbst dein bester Freund!

35. Realität

Was ist Realität, was nicht? Du siehst, wie der Weg verläuft, auf dem du gerade unterwegs bist. Es reicht aus, dass du erkennst, was unmittelbar um dich und vor dir ist. Gehe deinen Weg, ein Schritt nach dem anderen. Du erschaffst deine Wirklichkeit.

36. Reichtum

Reichtum - die Fülle der Natur, der volle Geldbeutel ...
Deine Pilgerfahrt konfrontiert dich irgendwann auch
einmal mit der ganz persönlich gemeinten Frage, was
„Reichtum" FÜR DICH bedeutet? Ein Herz, das über-
fließt, leuchtende Augen, liebevolle Worte im Überfluss ... ?

37. Schönheit

Eine alte Weisheit sagt: Schönheit liegt immer im Auge des Betrachters. Du selbst kannst und darfst entscheiden, was Schönheit für dich ist - bei Äpfeln und Blumen, bei Menschen und Tieren, bei Kleidung und Einrichtung.

38. Selbstliebe

Du bist es wert, dass du dich selbst annimmst, wertschätzt und auch LIEBST! Es macht nichts, wenn Selbstliebe mit Ich liebe beginnt, solange sie sich weiter entfaltet. Wer sich selbst liebt, hat es leicht, andere (nicht alle!) ebenfalls zu lieben.

Selbstliebe

39. Solidarität

Kein Mensch kann alleine leben. Das fängt bei der Geburt an und geht bis zum Tod. Familie, Freunde Nahrung, Behausung, Gemeinschaft, Arbeit, Freizeit - immer sind andere beteiligt und wichtig. Solidarität baut auf, hilft, stärkt Familie und Gesellschaft.

40. Spontan sein

Das Leben lässt sich nie ganz genau vorausberechnen. Du kannst nicht alles vorhersehen oder hundertprozentig fest planen. Deshalb gönne dir die Gabe der Spontanität. Sei offen für schöne Überraschungen und fröhliche Momente. Fühle und handle aus dem Herzen.

41. Sympathisch

Wie schön, wenn du spürst, wie du mit einem anderen Menschen auf der gleichen Wellenlänge bist, wie ihr beide gute Schwingungen empfindet. Die Augen als Fenster der Seele zeigen das Lächeln des Herzens. Lass Sympathie durch deine Augen fließen.

42. Treue

Bleibe vor allem dir selbst treu. Deinem Weg, deiner Pilgerreise durch dieses wundersame Leben. Verzeihe vorübergehende Schwächen, Irrtümer und vermeintliches Versagen. „Treue" kommt von Vertrauen, Hoffen, Wagen und Fest sein!

43. Überfluss

Überfluss lädt ein, das Leben froh zu genießen und dabei mit anderen zu teilen. Was kannst du auf deiner Pilgerfahrt mit anderen Menschen und vielleicht auch Tieren teilen? Brot und Wein, Freude und Lachen, Anteilnahme und Zuwendung?

44. Überzeugen

Wer ein klares Ziel für seine Reise hat, weiß, dass der Einsatz Sinn macht und ihn vorwärts bringt. Nutze deine Überzeugung, um neue Kraft, gute Beharrlichkeit, frohen Mut und freundliche Gefühle für dich selbst und deine Umwelt zu entwickeln.

45. Umsichtig

Auf deinem Weg achtest du auch auf das, was in deiner Umgebung kreucht und fleucht. Ob es Pflanzen sind, die nicht unnötig zertreten werden, Tiere, die man nicht aufscheucht, oder Menschen, denen du mit Achtung und Freundschaft begegnest. Umsicht macht dein ganzes Leben schön.

46. Verantwortung

Du findest Antworten auf die Herausforderungen deines Lebens und deiner Pilgerreise. Du übernimmst Verantwortung für dein eigenes Sein und dort, wc Mensch und Tier in deiner Umwelt dich darum bitten. So wirst du immer mehr ganz du.

47. Vergangenheit

Freue dich an dem, was schön und gut war. Lass los, was schwer und dunkel war. Du brauchst das jetzt nicht mehr. Es ist deine freie Entscheidung, was du aus deiner Vergangenheit machst. Es ist dein Wille und deine Verantwortung. Lebe im Jetzt.

48. Vergebung

Wenn es dir hilft, vergib. Vielen, vielleicht allen! Damit kannst du vor allem dich selbst heilen und Lasten abwerfen, Vergib aber auch dir selbst - sogar dann unc dafür, dass du Manches (noch) nicht vergeben kannst. Sei frei!

49. Wachsen

Wir wachsen ständig, das gesamte Leben hindurch. Leben ist Wachstum, Veränderung, Erneuerung. Körperlich, emotional, spirituell. An Herzensgüte und Lebensweisheit wachsen wir. Nimm Neues an und wachse damit. So wirst du bewusster und glücklicher.

50. Wohlbefinden

Harmonie im Außen und Innen. Jetzt möchte das Leben dir Leichtigkeit schenken, Heiterkeit, einen Einklang zwischen dir und der Umwelt. Du spürst, dass du auf deinem Weg bist und dass dieser Weg richtig ist. Körper, Geist und Seele sind im Einklang.

51. Wohlstand

Dach über dem Kopf, zu essen und zu trinken, Kleidung ... ist das Wohlstand? Oder erst ein schickes Auto, ein Luxushaus, Traumferien ... Was ist Wohlstand FÜR DICH? Diese Karte lädt dich ein, herauszufinden, was Wohlstand in deinem Leben bedeutet.

52. Wunder

Wir sind umgeben von Wundern, wir selbst sind ein Wunder! Dass es die Erde gibt und sie um die Sonne kreist. Dass es Menschen gibt und Tiere und Natur und Gefühle und Liebe und Freude und Sehnsucht ... Dass dein Herz 35 Millionen Mal im Jahr schlägt ... Der Platz hier reicht gar nicht aus: WUNDER über WUNDER!

53. Zufriedenheit

Lebenskunst besteht auch darin, zufrieden zu sein. Also im Frieden mit dem zu sein, was ist und wie es ist. Das bedeutet nicht Passivität, sondern Gelassenheit und Ruhen in der eigenen Mitte. Genieße auf beschauliche Weise, wer und wo du bist.

54. Zukunft

Was kommt auf dich zu? Laune der Natur, Fingerzeig Gottes oder Schicksal von Menschen, dass wir Zukunft nicht kennen? Hätten wir sonst zu viel Sorgen oder würden wir zu faul? Lebe im JETZT und sei offen und voller Zuversicht, was der Morgen bringt.

55. Zuverlässig

Ziele setzen, Schritte darauf hin unternehmen, Verantwortung tragen, Zusagen einhalten - all das gehört sicher dazu, zuverlässig zu sein. Was ist für Dich wichtig, wenn du von anderen Zuverlässigkeit erwartest oder sie von dir?

56. Zweifel

Erinnere Dich an den Ruf Deiner Seele. An die Freude Deines Herzens. Zweifel sind ganz menschlich und sie sind okay, aber Du hast allen Grund zur Hoffnung. Wer Schatten annimmt und dennoch weiter ins Licht geht, wird die Erfüllung finden!

Kartenlegung

Sie nutzen die Jakobsweg-Karten so wie andere Karten - Tarot-
karten, Engelkarten, Motivationskarten, Ermächtigungskarten
... Hier einige konkrete Vorschläge.

a. **Sie ziehen morgens eine TAGESKARTE.**
Das kann Ihr persönlicher Impuls für einen guten, bewussten,
klaren und erfolgreichen Tag sein.

b. **Sie ziehen abends eine ABENDKARTE.**
Als Hinweis, wie Sie den Tag rückblickend einordnen könnten.
Und vielleicht auch als Inspiration für die Nachtruhe und Ihre
Träume ...

c. **Sie ziehen 3 Karten für Gegenwart, Vergangenheit und Zukunft.**
Die 1. Karte symbolisiert, wo Sie jetzt stehen - Ihre Gegenwart.

Die 2. Karte zeigt an, was aus der Vergangenheit noch ange-
nommen und integriert sein möchte.

Die 3. Karte weist auf die nächsten Schritte, auf die nähere Zukunft hin.

d. **Sie ziehen 5 Karten für eine eigene Pilgerfahrt.**
Sie wollen eine eigene Pilgerreise unternehmen und überle-
gen sich, was und wie Sie sich vorbereiten.

Die 1. Karte deutet auf Ihre innerste Motivation für Ihre Pilgerfahrt.

Die 2. Karte sagt Ihnen etwas darüber, wie Sie sich vom Gefühl
her am besten darauf einstellen.

Die 3. Karte symbolisiert das Ziel der Seele, Ihres Höheren Selbst bzw. Ihres Spirits.

Die 4. Karte macht auf Herausforderungen aufmerksam, die Sie im Verlauf überwinden können.

Die 5. Karte enthält einen Hinweis auf das, was Sie von der Pilgerfahrt ins Leben integrieren werden.

Über den Autor

Erwin Schickinger, Jahrgang 1968, interessiert sich seit seiner Kindheit mit autogenem Training, Hypnose, Suggestionen, Astralreisen u.v.m.

Seit dem Jahr 2010 beschäftigt sich der Autor sehr intensiv mit dem Jakobsweg und der Magie des Pilgerns. Die verschiedensten Wege ist er bereits selbst gegangen und dabei ist die Idee zu dem nun vorliegenden Kartenset entstanden.

Er gibt sein gesammeltes Wissen in Workshops, Vorträgen und Seminaren weiter.

Kontakt zum Autor:
erwin@lebensraum.center

Bildnachweis

Karten Rückseite: Istock - DNY59
Abenteuer: Istock - South_agency
Aufbruch wagen: Istock - deimagine
Berührung: Istock - jacoblund
Dankbarkeit: Istock - kieferpix
Der heilige Pfad: Istock - SrdjanPav
Der Ruf: Istock - nicholashan
Entfalten: Istock - ipopba
Entscheidung: Istock - Kaycco
Erfolg: Istock - francescoch
Erfüllung: Istock - Dovapi
Erlebnis: Istock - jacoblund
Erstaunen: Istock - Luxian
Familie: Istock - Choreograph
Friede: Istock - kwasny221
Freude: Istock - SrdjanPav
Fülle: Istock - rusm
Ganz du selbst: Istock - Jasmina007
Geben: Istock - ipopba
Gesundheit: Istock - swissmediavision
Glück: Istock - oatawa
Heilung: Istock - swissmediavision
Hoffnung: Istock - swissmediavision
Humor: Istock - Todor Tsvetkov
Jetzt: Istock - PEDRE
Leistung: Istock - Orla
Loslassen: Istock - Liliboas
Mach dich bereit: Istock - Daniel_Kay
Motivation: Istock - PEDRE
Mut fassen: Istock - Izf
Neuer Mensch: Istock - Mercedes Rancaño Otero

Offenheit: Istock - pixdeluxe
Orientierung: Istock - graphixchon
Partnerschaft: Istock - Jacob Ammentorp Lund
Persönlichkeit: Istock - shironosov
Realität: Istock - woottigon
Reichtum: Istock - burroblando
Schönheit: Istock - Luso
Selbstliebe: Istock - Soft_Light
Solidarität: Istock - PeopleImages
Spontan sein: Istock - percds
Sympathisch: Istock - ajr_images
Treue: Istock - LuisPortugal
Überfluss: Istock - Charlie Blacker
Überzeugen: Istock - StockPhotoAstur
Umsichtig: Istock - imgml
Verantwortung: Istock - percds
Vergangenheit: Istock - sanjagrujic
Vergebung: Istock - ipopba
Wachsen: Istock - Solovyova
Wohlbefinden: Istock - MarBom
Wohlstand: Istock - molchanovdmitry
Wunder: Istock - Hiro1775
Zufriedenheit: Istock - wundervisuals
Zukunft: Istock - AlexSava
Zuverlässig: Istock - Mercedes Rancaño Otero
Zweifel: Istock - artJazz

Weitere Produkte
von Erwin Schickinger

ERDENZAUBER

A	20,00 EUR
D	19,50 EUR
CH	25,00 CHF

A	24,50 E
D	24,00 F
CH	27,00 C

ISBN: 978-3-903034-99-0   ISBN: 978-3-903034-18-1

Neu im Lebensraum:
Die Erdenzauber ELEMENTE Essenzen Serie. Erde, Feuer, Wasser, Luft und
zusätzlich die Krafttier Essenz mit hochwertigen Inhaltsstoffen.

Zu bestellen unter: office@lebensraum.center um € 29,90 einzeln ode
alle 5 im Set um € 89,90